Mísero festín de las gaviotas

XXIII PREMIO INTERNACIONAL DE POESÍA
MARTÍN GARCÍA RAMOS

(Colección MORAZARA XX)

© Yulieth González Zea, 2026

© Ilustración de cubierta: Rodrigo Garrido Paniagua, 2026

© Editorial Difácil, 2026
editorial.difacil@gmail.com
www.difacil.com
ISBN: 978-84-10363-25-0
Depósito Legal: VA 148-2026

Imprime: Imedisa

Impreso en España

YULIETH GONZÁLEZ ZEA

Mísero festín de las gaviotas

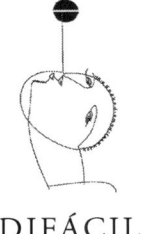

DIFÁCIL

Al mar,
reflejo de vuelo.

I

Herencia

HERENCIA

Hay un olor salino en la montaña
abono de otro tiempo
puñado de tierra húmeda que se pudre.

Sé quién puso ese olor allí:
bisabuela, abuela, madre, tía,
todas ellas,
sus lágrimas y sudor
su almizcle
su sangre
y sus pigmentos.

Ellas araron y sembraron
a ciegas la noche.

Su risa
es un eco que muere
y renace entre los eucaliptos.

27 KM

Dos caminos se bifurcaban en un bosque amarillo
ROBERT FROST

De niña soñé que traspasaba aquella frontera
de pinos y eucaliptos.
Soñé que dejaba la penumbra
y caminaba hacia la luz
pero el camino siempre se desvanecía.
Al fin, un día,
las garzas blancas, las mirlas
y los dientes de león,
indiferentes, me vieron partir.
Me fui
y no regresé nunca más.
Caminé en mi sueño
sin descanso,
hasta tropezar con otra frontera.

MI CIUDAD INVISIBLE

El camino a casa es una huella nítida en mi alma
Luis Antonio Rodríguez

1
La vereda se alza entre la maleza,
como una mítica ciudad invisible
cambia de forma
a los ojos de quienes la visitan.

Las montañas a su alrededor
son una muralla que custodia
a los seres que la habitan.
Sus senderos están rodeados de púas
y lianas disecadas
que a la hora del sol
aguardan la danza de las mariposas.

Allí, todos los caminos se bifurcan
y se unen en una sola dirección:
la casa de la infancia.

2
Mientras desando mis pasos
recojo una a una las migas de pan

que había dejado en el camino.
Aguarda por mí la casa

          sus manjares

          su abrigo.

La vereda viste su velo blanco
para mí.

POLÍPTICO DE LA CREACIÓN

Para mi madre

1
Sus manos laboriosas
que multiplican
los dones de la tierra.

2
Su presencia ágil
destello de vida
para cada rincón de la casa.

3
Su voz que es arrullo
para los colibríes
que liban la cosecha.

4
Con su abrazo
florecen los lirios
en la alameda.

MÁQUINA DE COSER

Soy incapaz de mantener
intacta mi piel.

La dejo deshecha en la acera
en la rama de un viejo roble
o en otra piel.

Con un hilo infinito
remiendo, una y otra vez,
heridas que sanaron
hace ya mucho tiempo.

DESVELO

11:59 p.m.
Nadie me dijo que la niebla
era el humo del cigarrillo
que un dios fuma
con mis pulmones.

1:59 a.m.
Sueño que pierdo mis zapatos
corro descalza por un camino empedrado
y regreso al mismo lugar
con los pies ensangrentados.

2:59 a.m.
En mi sueño hay un laberinto
una casa que sé que es mi casa
intento llegar a la puerta
y una mujer que usa mi rostro
me lo impide.

Despierto
y el sueño comienza de nuevo.

DESTINO

Todo lo que soy ahora
es lo que deseo.
Hasta aquí no pudo el miedo.

Subo a una bicicleta sin frenos
olvido el vértigo
olvido las veces que caí al abismo.

Esto debe ser la felicidad.

CALEIDOSCOPIO

1

Las otras, las que fui
y la que soy
viven dentro.
Entre todas, no me reconozco.
Hay ruido
mis ojos se nublan
grilletes aprisionan mis manos
la puerta se cierra
y quedo atrapada con ellas.

2

Estoy en el mismo sueño.
Hay un laberinto de espejos
en donde se proyecta
mi cuerpo profanado.

3

Avanza la noche
Lilith y las desterradas
preguntan por el Paraíso.
En silencio
camino a su lado.

ESTACIÓN CREPUSCULAR

Extiendo mis raíces
en una ciudad fría y quieta
mientras que en el espejo
ella, inquilina del mismo vientre,
huye.

La sombra de un cerezo florecido
aún la recuerda.
La veo caminar por avenidas multicolores
con un listón rojo
en su cabello.

Lejos de las mujeres
que continúan trabajando en la huerta
en otro horizonte
ella celebra la vendimia.

POÉTICA CON PELOS

Para Linda

El poema se posa
sobre el polvo de las cajas
y espera.

El poema se desborda
se cuela por las rendijas
muta, se detiene, me mira
maúlla
y se recuesta en mi pecho.

Suave y libre
el poema ronronea
salvaje
se queda conmigo
me adopta
y no me suelta.

GEOMETRÍA

Hay en mi vientre
un mapa
trazado por el insomnio de las hormigas.
Líneas perpendiculares y oblicuas
que se cruzan
con las manos
de quien en la noche
me descifra.

INFINITY DAY

Afuera hay música y la calle está
infestada de palomas hambrientas.

Un niño cae de su bicicleta
y de su cabeza
en vez de sangre brotan rosas.

Mi gata salta hacia el tejado
persigue a los copetones.
Me vuelvo colibrí
el verde esmeralda de sus ojos
me caza.

En la habitación contigua
un hombre sueña conmigo.
Eso creo, eso basta.
Estaré a su lado cuando despierte
y de la mano
cruzaremos el sol de mediodía.

PLENITUD

Nadie vuelve de vos
a lo que fue
JUAN GELMAN

Tomo tu mano, suave,
oigo tu voz que es calma
y me reconozco.
Tus palabras
me conducen a tu laberinto.
Te leo
me permites ir a la página
que nadie ha leído antes.

RENACER

Exploras mi deseo
y me quiebro.
Los fantasmas
huyen bajo la lluvia.

Limpia
abro los brazos a la vida
y bailo.
Sé que estás ahí
sosteniéndome.

HOGAR EN CUATRO TIEMPOS

I
El sueño de una gata tricolor
las flores invisibles del jarrón
el rumor de la noche en una ventana recién inaugurada
el deseo enmarcado en los cuadros de la sala
su voz.

II
El insomnio que deambula por la casa
la musa cansada y desnuda
las tertulias en la almohada
los versos aprisionados en la biblioteca
su abrigo.

III
La cama y la matiné
la música
el vino que bebemos y el que falta por beber
el olor a café de todos los días
la acuarela inconclusa
sus manos.

IV

Todo lo que compone esta ciudad
le pertenece.
Su nombre
es la definición precisa
Para la palabra
hogar.

PEQUEÑAS TORMENTAS

1
La crisálida es un ademán de mariposa
génesis del vuelo
epifanía precoz de la belleza.

2
La eclosión es el comienzo de la espera
el primer aleteo
fin y principio de un largo viaje.

EQUINOCCIO

La primera luna de primavera se avecina.

Oscurecerá pronto
el día y la noche serán iguales
en la penumbra.

Sólo queda esperar a que las hojas caigan.

Sólo queda una noche infinita
sin ti.

METAMORFOSIS

A la montaña fui porque creía
que del mal de pensar me curaría
JULIO FLÓREZ

Atrapada entre los helechos húmedos
reposa mi memoria
musgos y líquenes
aceleran la descomposición.

Mis recuerdos se pudren
en una espesa capa de hojas y raíces.

Mi cabeza
árbol caído después de la tormenta.

NANOLADRONES

Microscópicos
   diminutos
    pigmeos
     minúsculos
      insignificantes
       liliputienses
        insectos devoradores de tinta
arrasan la biblioteca,
devoran los poemas.
Me anticipo
y los engullo primero.

FRAGILIDAD

La ceguera temporal de la mañana
el crujido de la habitación que despierta
el ronroneo de mi gata que prolonga el sueño
y mi mano
que palpa el vacío
que sin saberlo repasa los bordes
del último día del mundo.

PROPÓSITO

Hay restos de mi cabello por toda la casa.
Los reúno
devano pequeños ovillos
los acomodo en el alféizar de mi ventana
y espero.

Ritual silencioso
ofrenda
para que un colibrí
trence su nido.

Cálido será el sueño de sus polluelos.

Cuando emprendan el vuelo
habrá concluido mi propósito.

VUELO INTERIOR

Un día más en esta jaula
un día más
viviendo de tus migajas.

CONDENA

Sostengo tu mano,
pero, aun así, caes al vacío.

En el borde de la botella
te observo, impotente,
mientras te hundes
en tu propia trampa.

CAÍDA

Cierro mis ojos
mi cuerpo
mi mente.

Me cierro al mundo
y, hermética,
caigo al vacío
de mí misma.

FUTURO

Fluir
dejarse llevar
acuosa
fundirse con el sol de la tarde.

Descubrir
que no recuerdo tu nombre
que ya no quedan marcas
en mi piel.

IMPUNIDAD

Esta casa será
la escena de un crimen perfecto.
Sin cadáveres
sin evidencias
ni números amarillos.

Seremos uno solo
y nadie sabrá
quién de los dos apretó el gatillo.

CUANDO YA NO ESTÉ

Cuando ya no esté
quizá alguien riegue las plantas del patio
cambie las astromelias del florero
acomode los libros
por colores y
tamaños
los abra
los lea
quizá encuentre
mi trébol de cuatro hojas
y herede
la buena fortuna.

PARA NO OLVIDAR

Por petición de la anfitriona
tal y como estaba convenido
los asistentes a la fiesta
se quitaron las máscaras.

Ahí, en donde deberían estar los rostros,
no había nada.

BACK TO BLACK

Para Amy

Deambula por el escenario
herida
nadie escucha su grito
su dolor.

El show continúa
mientras ella se desvanece
por las calles de Londres.

Sé que no eres un fantasma.
Sé quién eres
reconozco
y amo tu voz de cristal roto.

TIC TAC

1
Como pequeños felinos
juguetones y suaves
los días.

2
El calendario
refugio
para los que aguardan la cacería.

URÓBORO

El día
es una serpiente que devora su cola.

Me entrego a sus fauces
al implacable ritual
de los relojes.

UN GIRASOL EN LA NOCHE

El ruido de los misiles
acalla la palabra
las bibliotecas derruidas
son un monumento a la necedad.

Entre los escombros
un hombre llora
por los libros perdidos
por los aún no escritos.

La palabra no es inmortal.

DUDA EXISTENCIAL

Ese llanto
esos escombros
¿servirán de abono para un mundo nuevo?

LISTADO VESÁNICO

1
Nombrar
lo que todavía no existe
hacer de las palabras mi casa.

2
Mirar atrás
para convertirme en sal
para merecer el castigo de algún dios.

3
Liberar al pequeño Minotauro
que vive en mi pecho
y se alimenta de mi carne.

4
Ver al último osezno polar
acariciarlo
antes de que todo arda.

5
Descubrir
el nombre prohibido
y pronunciarlo en voz alta.

II

Mísero festín de las gaviotas

Digamos que no tiene comienzo el mar:
empieza donde lo hallas por vez primera
y te sale al encuentro por todas partes.
JOSÉ EMILIO PACHECO

VUELO 9610

Dejo atrás el frío.

Desde arriba la ciudad es una telaraña
iluminada por el alba.
Los edificios son bloques de cartón
acosados por carros de juguete.
No distingo una figura humana
es un alivio.

Sobre las nubes me desintoxico
de la tierra firme.

El azul indefinido del mar
aguarda por mí.

Superado el despegue
no quiero volver a bajar.

POÉTICA CON SAL

La palabra mar
                tan breve
                tan concisa.
La pronuncio y mis labios se inundan.

Un monstruo cristalino
habita en sus profundidades.
El tesoro perdido
de uno de los navíos de Barbanegra.
Las ruinas de una ciudad
de gigantes.

La palabra mar
en la que caben varios mundos.

VARIACIONES

UNO
Una muñeca plástica se aplica bloqueador
ella cree que hoy el sol no la tocará.
Mañana
las marcas en su piel dirán lo contrario.

DOS
El vendedor de ceviche
deja su carro al lado de los bañistas
antes de alejarse los mira
aprende sus rostros de memoria.
Él no sabe que cuando regrese
mi rostro será otro.

TRES
Alquila un parasol y una silla
compra hielo y cerveza
se acomoda las gafas oscuras
lo organiza todo
y se bebe el mar
durante todo el día.

ENSOÑACIÓN

Más allá de la niebla
vi una playa de arena blanca
vi las ruinas de una catedral
vi las huellas de tritones y sirenas
escuché sus cantos y plegarias
embrujo marítimo
para el deseo.

DERROTA

Las gaviotas deambulan
por una playa que ya no les pertenece.

Recogen las migajas.

Allende las aguas
un banquete las aguarda
pero no saben cómo ir hacia él.

El mar ha borrado sus huellas
y la brisa el trazo de sus alas.

VACACIONES

La playa
es un agujero negro
que se alimenta
con el tedio
de los visitantes.

El mar
un bálsamo para
la soledad
promesa salada
de noches futuras.

MENSAJE EN UNA BOTELLA

Esto es el viaje:
la maleta en la puerta
     la despedida
     la nostalgia
     el ruido
     el vacío
     el regreso
la náusea.

SÍSIFO

Lejos del puerto he alzado mi castillo
de arena blanca y ámbar.
Algunos navegantes
con sus catalejos
han podido ver sus portales
hechos de fina madera de naufragio.

La luna llena envidia la luz que emerge
por sus ventanas de ámbar.

El furioso mar, implacable,
cada noche sumerge a mi casa de ensueño
en sus entrañas
obligándome a recomenzar.

NARCISO

Miro mi reflejo en el agua
y no me reconozco
no me enamoro de mí
no soy.

Me voy diluyendo
hasta desaparecer.

ÍCARO

Perezco de nuevo
entre el sol y la espuma.
El horizonte está más allá de mi alcance.
Nadie me verá caer.
Nadie pondrá su isla sobre mi caída.
Sé que seguiré intentando subir con las alas derretidas
y que será inútil.

Pienso en ello
Mientras elevo el vuelo.

ULISES

Un pájaro negro visita mi balcón.
Trae en su pico una pequeña botella
que al abrirse libera un canto.
Escucho los afanes de una bella ninfa
escucho el lamento de un curtido navegante
que, perdido en la noche de su deseo,
no encuentra el camino de regreso a casa.

ARJUNA

El príncipe
ha aprendido la lección
y da la orden
para que inicie la batalla.

Todo es una danza
una faena del dolor
que el mar ignora.

Nadie sobrevive a la barbarie.
Nadie escapa de su destino.

CAPITÁN AHAB

En mi sueño
zigzagueo sobre las olas.
Por un momento vuelvo a ser parte
de ese basto universo
un pequeño crustáceo
una diminuta partícula de plancton.

Huyo de la tierra firme
con mi dulzaina entono
aquella vieja canción
y me preparo para otra batalla.

Cuando despierto
en mi cabeza ya no queda rastro
del lomo blanco de Moby Dick.

BARRIO GETSEMANÍ

Al final de la calle principal
hay una plaza con olor a tabaco.

Las mujeres
sentadas alrededor de la fuente sonríen y se abanican
deslizan su mirada
hacen inventario de los visitantes.

Las playeras de flores y el perfume
queda suspendido en la brisa
se funde con el olor cálido de los adoquines.

Una mezcla de cerveza y orín
no me permite respirar.
Nadie respira aquí.

Camino.
Nadie me reconoce
nadie ha visto mi cara antes, ni la verá después.
Solo existo ahora, en este lugar.

ORIGAMI

Navego en un barquito de papel
que yo misma he plegado.
Las olas chocan contra mí
a barlovento
y la filigrana se desdobla.
Avanzo sin rumbo
busco una isla remota
un cuerpo desnudo para atracar.

INMERSIÓN

En la orilla del río
una sirena
entona una vieja canción de bucaneros.
Su mirada se pierde
en el vaivén cristalino de las aguas.
La miro
y mis ojos naufragan
con ella.

BELLEZA

En la orilla
no puedo evitar que las rosas se marchiten.
Renuncio a su belleza
las entrego al mar
y su perfume se mezcla con la brisa.

Anhelo ese devenir marítimo.
Sobre un pétalo
navego hacia el horizonte
busco el hilo de agua por donde el sol se oculta.

AMNESIA

Sentada frente al mar
veo a un navío que se aleja.

Miro las aletas en mis pies
respiro por mis agallas
pero no puedo recordar mi canto.

Ruego que el mar me lleve
pero él también se ha olvidado de mí.

REGRESO

Me entrego a la quietud.
Una vez más
la casa se moldea para mí
me abraza
cada rincón se reacomoda
el terciopelo rojo del sofá me acoge
me fundo con la nada
me pierdo
en mi laberinto.

INERCIA

No
nadie puede huir del todo.

El viaje es solo otra manera
de regresar a la habitación de la infancia
de la que nunca hemos partido.

UNA NOCHE

Una gota de sudor resbala
cae en los pies de los bailadores
y se evapora
al ritmo de la música.
Poco a poco los cuerpos
se adaptan al caos
al éxtasis
del tambor.
Me dejo atrapar
me entrego.

Esta es una noche en la que se podría morir.
Noche de salsa frente al mar.

4:30 A.M.

Un crujido sutil
en la habitación contigua
me despierta.
Una respiración agitada
un jadeo
un ritmo
que me recuerda que estoy sola.

CREPÚSCULO

Me decido por el sueño
en medio de la cálida tarde
me extingo
hasta que el día regresa
suplantando a la noche
con el sonido de un cascabel.

SOUVENIR DE LA BUENA FORTUNA

Un collar de estrellas y conchas
una pulsera de piedras azuladas
un vestido blanco
los restos de un coral tallado por el mar
y el color bronceado de la playa sobre mis hombros
son la memoria de los días cálidos
y las doradas noches
junto al muelle.
Suficiente acicate para el regreso.

DE LO INÚTIL

Invoco todo lo efímero:
El graznido de las gaviotas.
La pala y el balde abandonados en la playa
el castillo de arena en el que un niño fue rey.
La red fatigada por el vacío
los anhelos de la esposa del pescador.
El movimiento de los astros
que recorren la noche.
Mis ojos cansados
y tu nombre
armadura del vacío.

DE LO COTIDIANO

Los estorninos
dibujan un mapa en el cielo
zumban
olvidan su vuelo sincronizado
y mueren.

Soy uno de ellos.

Morir y renacer
anunciar la llegada de la próxima estación.
Esa es la tarea
el ciclo de la naturaleza.

CABEZA DE PESCADO

Sin una porción de playa
que me corresponda
mojo mis pies en la orilla
huyo de la algarabía de los bañistas
y, en silencio,
me uno
al
mísero festín de las gaviotas.

ÍNDICE

II MÍSERO FESTÍN DE LAS GAVIOTAS   47

EL POEMARIO
'MÍSERO FESTÍN DE LAS GAVIOTAS',
DE YULIETH GONZÁLEZ ZEA
RESULTÓ GANADOR DEL XXIV CERTAMEN INTERNACIONAL DE POESÍA
MARTÍN GARCÍA RAMOS (2025) PATROCINADO POR LA FAMILIA GARCÍA PÉREZ Y
COORDINADO POR MÓNICA JIMÉNEZ EN REPRESENTACIÓN
DEL EXCELENTÍSIMO AYUNTAMIENTO DE ALBOX (ALMERÍA).
EL JURADO ESTUVO COMPUESTO POR CATALINA GARCÍA PÉREZ, JUAN DE DIOS
GARCÍA, ADRIÁN BERNAL HERA, MANUEL VALERO GÓMEZ, JAVIER ADRADA DE LA
TORRE Y JAVIER IÁÑEZ PICAZO BAJO LA DIRECCIÓN DE JON JUARISTI